Impressum
Verlag: BABADADA GmbH, Nedderfeld 112 , 22529 Hamburg
Geschäftsführer / Verlagsleitung: Harald Hof
Druck: Books on Demand GmbH, In de Tarpen 42, 22848 Norderstedt

Imprint
Publisher: BABADADA GmbH, Nedderfeld 112 , 22529 Hamburg, Germany
Managing Director / Publishing direction: Harald Hof
Print: Books on Demand GmbH, In de Tarpen 42, 22848 Norderstedt, Germany

escola
shkolla

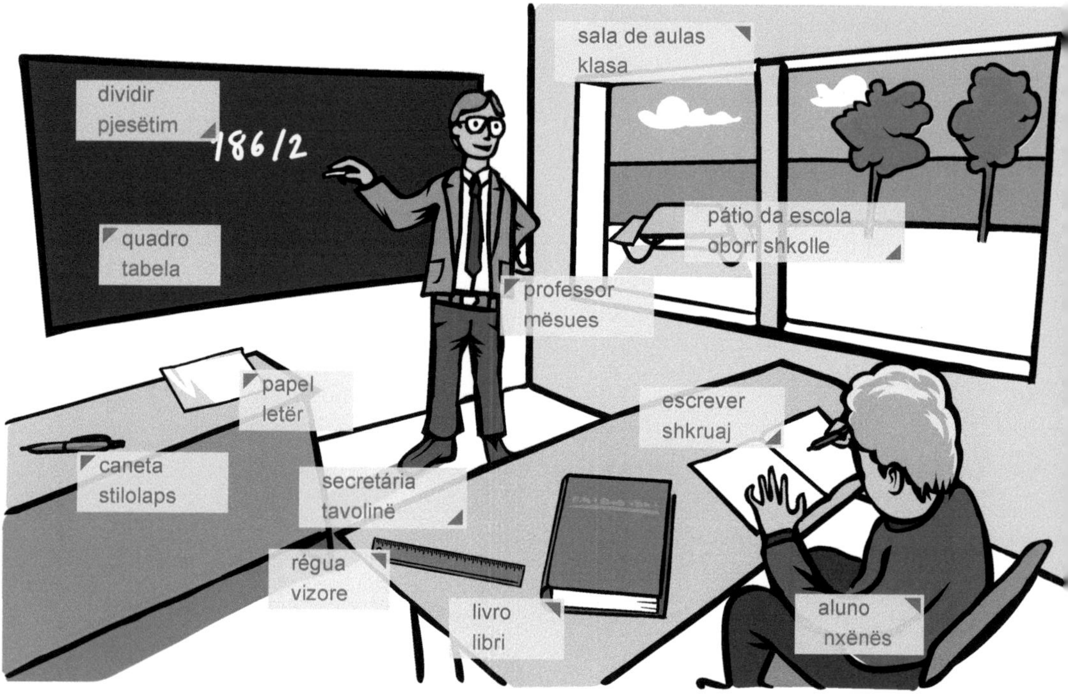
sala de aulas
klasa
dividir
pjesëtim
186/2
quadro
tabela
pátio da escola
oborr shkolle
professor
mësues
papel
letër
escrever
shkruaj
caneta
stilolaps
secretária
tavolinë
régua
vizore
livro
libri
aluno
nxënës

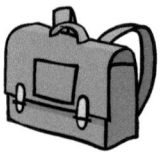

mochila

çantë

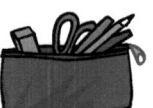

estojo de lápis

mbajtëse lapsash

lápis

laps

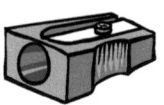

afia-lápis

mprehës lapsash

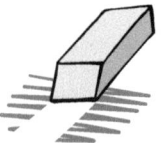

borracha

gomë

bloco de desenho

fletore vizatimi

desenho
vizatim

pincel
penel

caixa de tintas
kuti bojërash

tesoura
gërshërë

cola
ngjitës

livro de exercícios
fletore detyrash

trabalhos de casa
detyrë shtëpie

número
numër

somar
mbledh

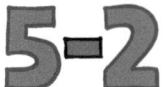

subtrair
zbres

multiplicar
shumëzoj

calcular
llogaris

letra
gërmë

alfabeto
alfabeti

palavra
fjalë

texto

tekst

ler

lexoj

giz

shkumës

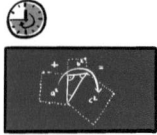

hora

mësim

registo de presenças

regjistër

exame

provim

certificado

çertifikatë

uniforme escolar

uniformë shkolle

educação

arsimim

enciclopédia

enciklopedia

universidade

universitet

microscópio

mikroskop

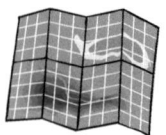

mapa

hartë

cesto de lixo

kosh letrash

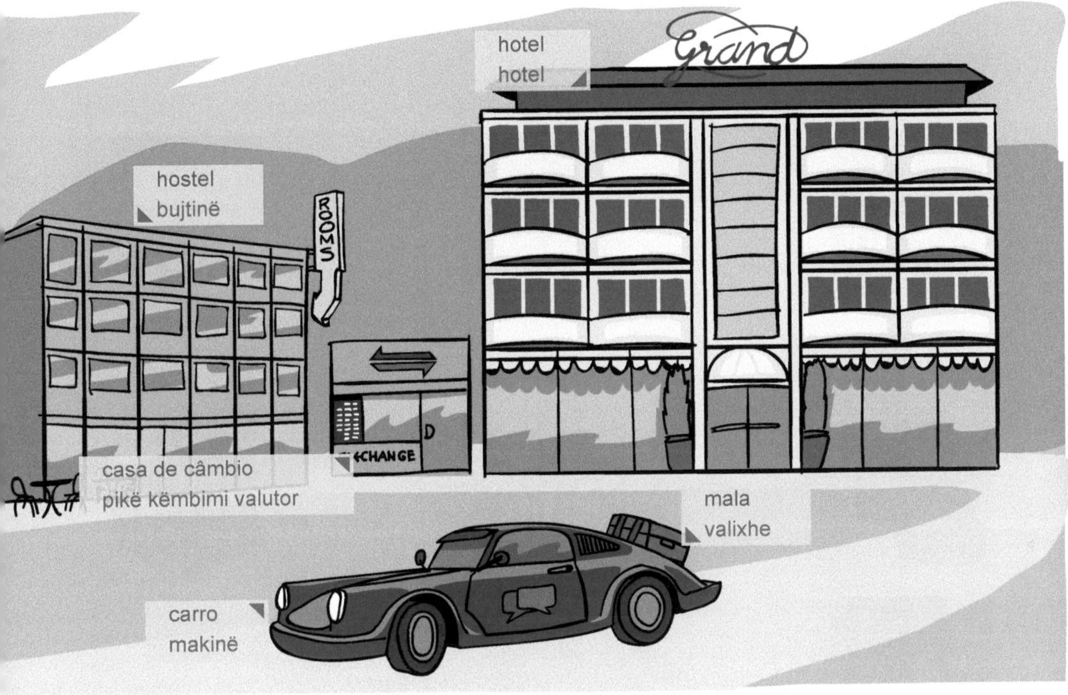

hotel
hotel
Grand
hostel
bujtinë
ROOMS
casa de câmbio
pikë këmbimi valutor
EXCHANGE
mala
valixhe
carro
makinë

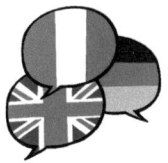

idioma

gjuhë

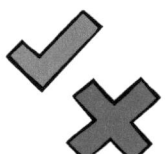

sim / não

po / jo

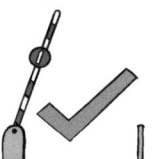

ok / certo / correto

Në rregull

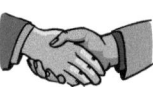

olá

ç'kemi

intérprete

përkthyes

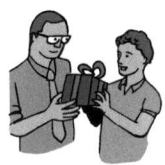

obrigado

Faleminderit

quanto é que custa... ?

sa kushton...?

não entendo

nuk e kuptoj

problema

problem

boa noite!

Mirëmbrëma!

Bom dia!

Mirëmëngjes!

Boa noite!

Natën e mirë!

adeus

mirupafshim

direção

drejtim

bagagem

bagazhet

saco

çantë

mochila

çantë shpine

convidado

mysafir

quarto

dhomë

saco-cama

thes gjumi

tenda

tendë

informação turística

informacion për turistët

praia

plazh

cartão de crédito

kartë krediti

pequeno-almoço

mëngjes

almoço

drekë

jantar

darkë

bilhete

Biletë

elevador

ashensor

selo postal

pulla

fronteira

kufi

alfândega

doganë

embaixada

ambasadë

visto

vizë

passaporte

pasaportë

transporte
transport

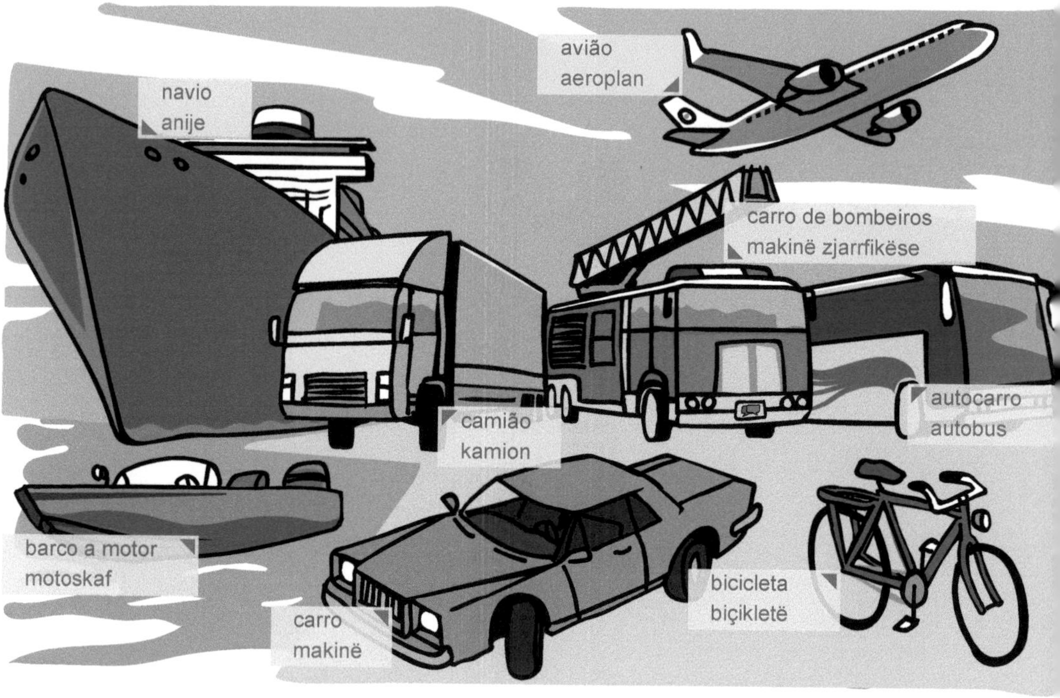
avião
aeroplan
navio
anije
carro de bombeiros
makinë zjarrfikëse
autocarro
autobus
camião
kamion
barco a motor
motoskaf
bicicleta
biçikletë
carro
makinë

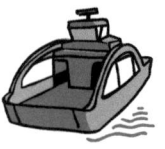

cacilheiro

traget

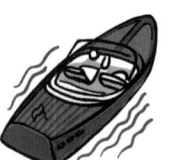

barco

varkë

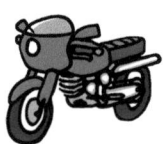

mota

motoçikletë

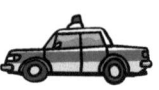

carro de polícia

makinë policie

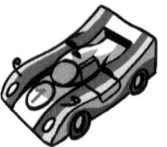

carro de corrida

makinë garash

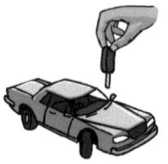

carro alugado

makinë me qira

carsharing

ndarje e qirasë së makinës

camião de reboque

karroatrec

camião do lixo

makinë plehrash

motor

motor

combustível

benzinë

estação de serviço

pikë karburanti

sinal de trânsito

sinjalistikë trafiku

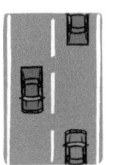

trânsito

trafik

congestionamento de
trânsito
bllokim trafiku

parque de estacionamento

parkim makinash

estação ferroviária

stacion treni

carris

trase

comboio

tren

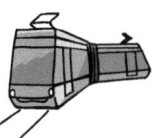

elétrico

tramvaj

carruagem

karro

helicóptero

helikopter

aeroporto

aeroport

torre

kullë

passageiro

pasagjer

contentor

kontenier

caixa de papelão

kuti kartoni

carrinho

qerre

cesto

shportë

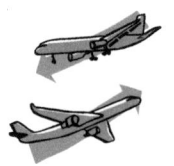

levantar voo / aterrar

ngrihem / ulem

cidade

qytet

aldeia

fshat

centro da cidade

qendra e qytetit

casa

shtëpi

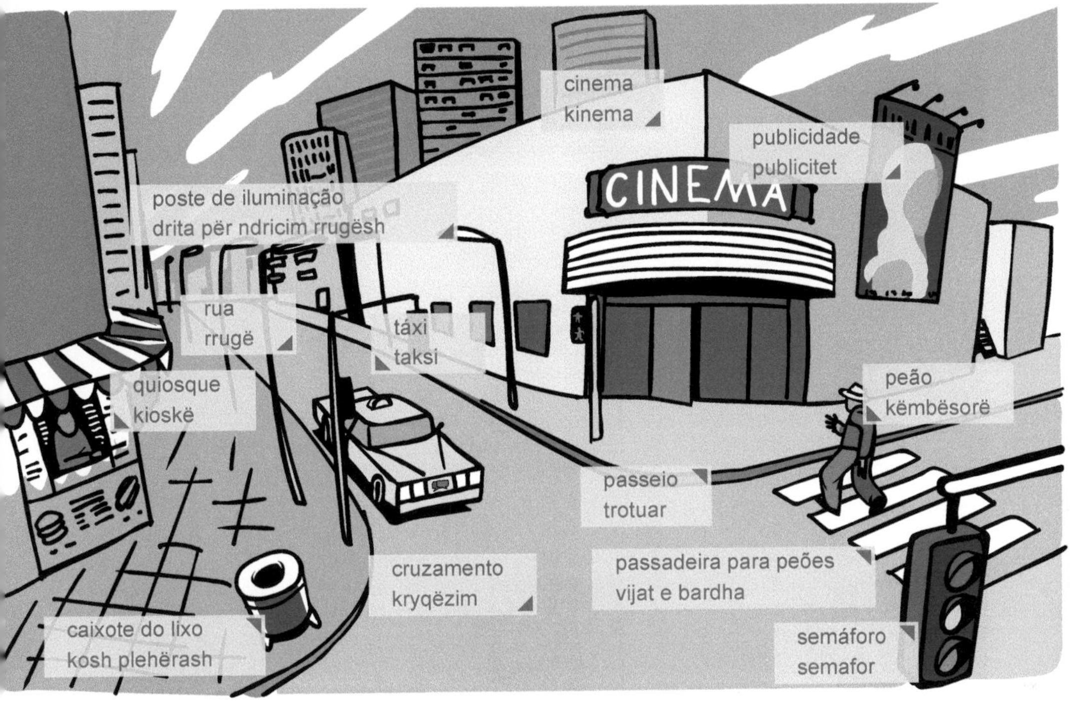

cinema
kinema

publicidade
publicitet

poste de iluminação
drita për ndricim rrugësh

CINEMA

rua
rrugë

táxi
taksi

peão
këmbësorë

quiosque
kioskë

passeio
trotuar

cruzamento
kryqëzim

passadeira para peões
vijat e bardha

caixote do líxo
kosh plehërash

semáforo
semafor

cabana

kasolle

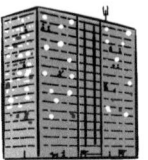

apartamento

apartament

estação ferroviária

stacion treni

câmara municipal

bashki

museu

muze

escola

shkolla

universidade
universitet

banco
bankë

hospital
spital

hotel
hotel

farmácia
farmaci

escritório
zyrë

livraria
librari

loja
dyqan

florista
dyqan lulesh

supermercado
supermarket

mercado
market

loja de departamentos
mapo

peixaria
dyqan peshku

centro comercial
qëndër tregtare

porto
port

parque
park

banco
stol

ponte
urë

escadas
shkallë

metro
metro

túnel
tunel

paragem de autocarro
stacion autobuzi

bar
bar

restaurante
restorant

caixa de correio
kuti postare

sinal de trânsito
sinjalistikë rrugore

parquímetro
kohëmatës parkimi

jardim zoológico
kopsht zoologjik

piscina
pishinë

mesquita
xhami

cidade - qytet

13

quinta
fermë

poluição
ndotje

cemitério
varrezë

igreja
kishë

parque infantil
shesh lojërash

templo
tempull

paisagem
peisazh

folha
gjethe

placa de sinalização
tabela oriéntuese

caminho
rrugë

prado
livadh

pedra
gurë

caminhantes
ekskursionist

árvore
pemë

rio
lumë

relva
bar

flor
lule

vale
luginë

montanha
kodër

lago
liqen

floresta
pyll

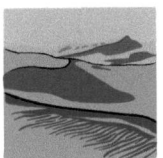

deserto
shkretëtirë

vulcão
vullkan

castelo
kështjellë

arco-íris
ylber

cogumelo
kepudhë

palma
palmë

mosquito
mushkonjë

mosca
mizë

formiga
milingonë

abelha
bletë

aranha
merimangë

besouro

brumbull

sapo

bretkosë

esquilo

ketër

ouriço

iriq

lebre

lepur

coruja

buf

pássaro

zog

cisne

mjellmë

javali

derr i egër

veado

dre

alce

dre brilopatë

barragem

digë

turbina eólica

turbinë ere

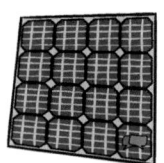

painel solar

panel diellor

clima

klimë

restaurante

restorant

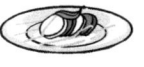

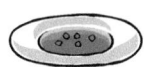

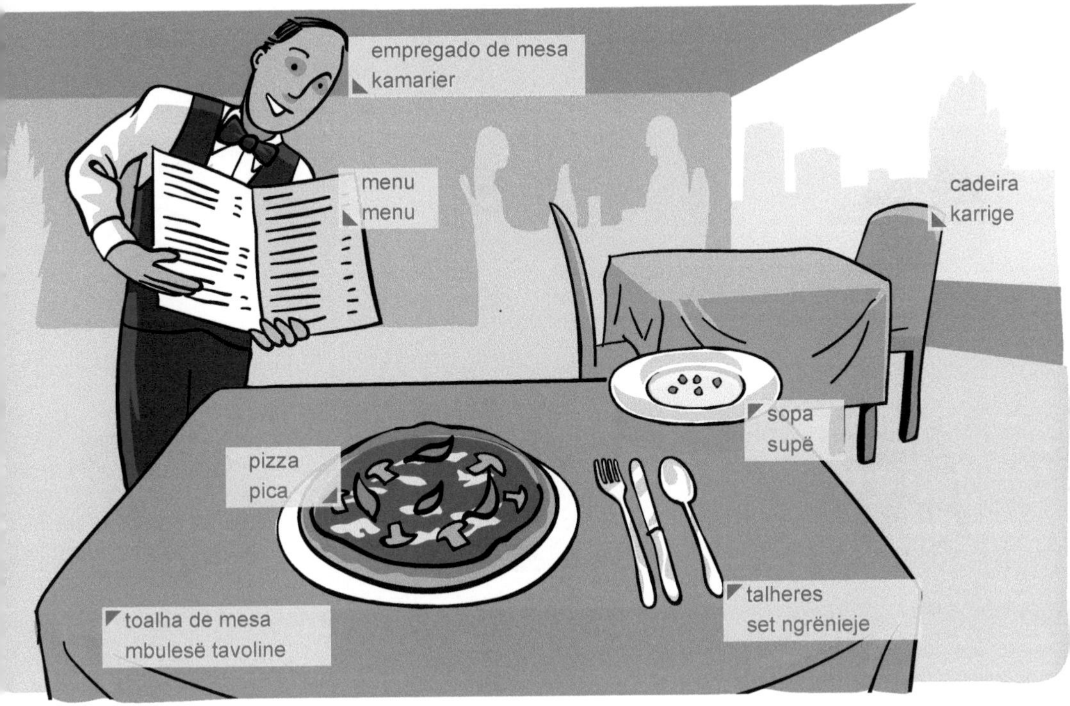

empregado de mesa
kamarier
menu
menu
cadeira
karrige
sopa
supë
pizza
pica
talheres
set ngrënieje
toalha de mesa
mbulesë tavoline

entrada

pjatë e parë

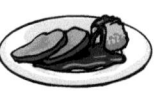

prato principal

pjatë kryesore

sobremesa

ëmbëlsirë

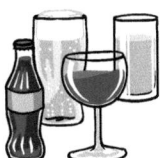

bebidas

pije

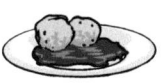

comida

ushqim

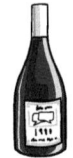

garrafa

shishe

fast food
ushqim i shpejtë

comida de rua
ushqim i shërbyer në rrugë

bule de chá
ibrik çaji

açucareiro
kuti sheqeri

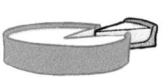

porção
racion

máquina de café expresso
makinë kafeje ekspres

cadeira alta
karrige e lartë

conta
faturë

bandeja
tabaka

faca
thika

garfo
pirun

colher
lugë

colher de chá
lugë çaji

guardanapo
pecetë

copo
gotë

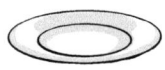

prato
....
pjatë

prato de sopa
....
pjatë supe

pires
....
pjatë filxhani

molho
....
salcë

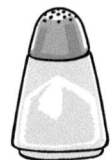

saleiro
....
mbajtëse kripe

moinho de pimenta
....
mulli piperi

vinagre
....
uthull

óleo
....
vaj

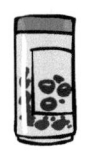

especiarias
....
erëza

ketchup
....
keçap

mostarda
....
mustardë

maionese
....
majonezë

supermercado

supermarket

oferta especial
ofertë speciale
FOR
cliente
klient
laticínios
produkte bulmeti
fruta
frut
carrinho de compras
karrocë pazari

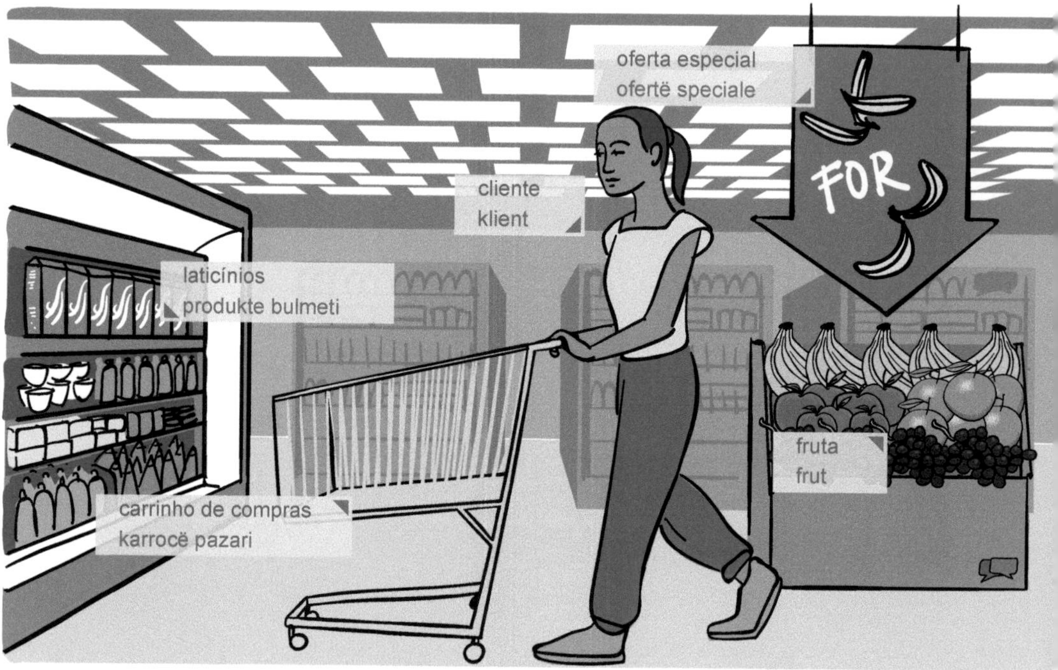

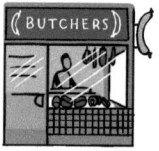

BUTCHERS

talho

dyqan mishi

BAKERY

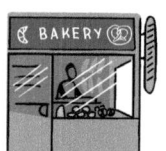

padaria

furrë buke

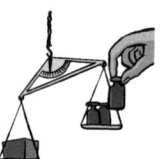

pesar

peshoj

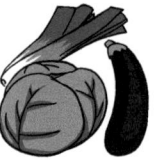

vegetais

perime

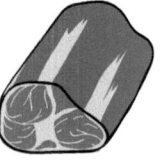

carne

mish

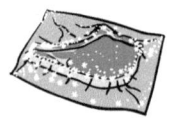

alimentos congelados

ushqim i ngrirë

charcutaria

copë

comida enlatada

ushqim i konservuar

detergente em pó

pluhur larës

doces

ëmbëlsirat

artigos domésticos

prodhime shtëpie

produtos de limpeza

produkte pastrimi

vendedora

shitëse

caixa

kasë fiskale

caixa

arkëtar

lista de compras

listë blerjeje

horário de funcionamento

oraret e punës

carteira

portofol

cartão de crédito

kartë krediti

saco

çantë

saco de plástico

qese plastike

supermercado - supermarket

água
uji

sumo
lëng frutash

leite
qumësht

coca-cola
koka-kola

vinho
verë

cerveja
birrë

álcool
alkool

cacau
kakao

chá
çaj

café
kafe

café expresso
kafe ekspres

capuccino
kapuçino

banana

banane

maçã

mollë

laranja

portokalle

melão

pjepër

limão

limon

cenoura

karrotë

alho

hudhër

bambu

bambu

cebola

qepë

cogumelo

kërpudha

nozes

arra

talharim

makarona

esparguete
spageti

arroz
oriz

salada
sallatë

batatas fritas
patate të skuqura

batatas fritas
patate të skuqura

pizza
pica

hambúrguer
hamburger

sanduíche
sanduiç

bife panado
shnicel

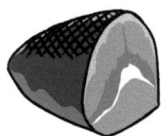

fiambre
proshutë

salame
sallam

salsicha
salçiçe

galinha
pulë

assado
skuq

peixe
peshk

flocos de aveia	muesli	flocos de milho
tërshërë	drithëra	kornfleiks

farinha	croissant	carcaça (pãozinho)
miell	kruasant	panine

pão	torrada	biscoitos
bukë	tost	biskotë

manteiga	requeijão	bolo
gjalp	gjizë	tortë
		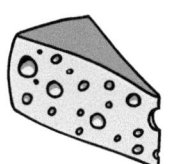
ovo	ovo estrelado	queijo
vezë	vezë sy	djathë

gelado

akullore

açúcar

sheqer

mel

mjaltë

compota

marmaladë

creme de nougat

çokokrem

caril

këri

quinta
fermë

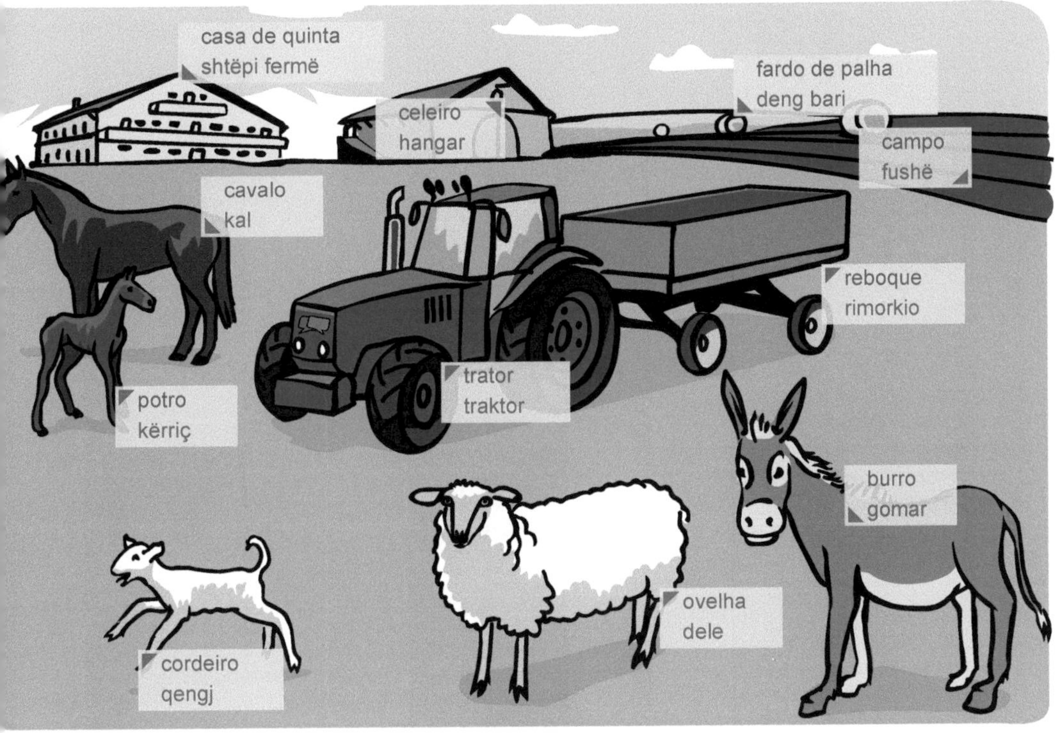

casa de quinta
shtëpi fermë
celeiro
hangar
fardo de palha
deng bari
campo
fushë
cavalo
kal
reboque
rimorkio
trator
traktor
potro
kërriç
burro
gomar
ovelha
dele
cordeiro
qengj

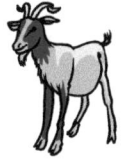

cabra

dhi

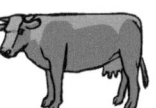

vaca

lopë

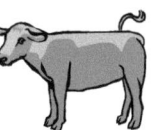

bezerro

viç

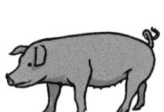

porco

derr

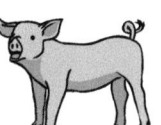

leitão

derrkuc

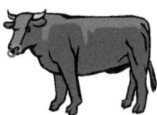

touro

dem

ganso
patë

pato
rosë

pintaínho
zog pule

galinha
pulë

galo
gjel

ratazana
mi

gato
mace

rato
mi

boi
buall

cão
qen

casota
kolibe qeni

mangueira de jardim
zorrë vaditëse

regador
vaditëse

foice
kosë

arado
plug

foice
....
drapër

enxada
....
shat

forquilha
....
kosa

machado
....
sëpatë

carrinho de mão
....
karrocë

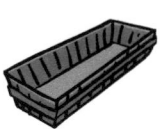

manjedoura
....
govatë

jarro de leite
....
bidon qumështi

saco
....
thes

cerca
....
gardh

estábulo
....
ahur

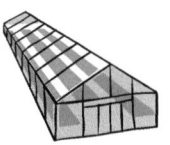

estufa
....
serë

solo
....
dhe

semente
....
farë

fertilizante
....
pleh

ceifeira-debulhadora
....
autokombanjë

colher

korr

colheita

te korrat

inhame

patate e ëmbël "Yam"

trigo

grurë

soja

soja

batata

patate

milho

misër

colza

raps

árvore de fruto

pemë frutore

mandioca

zhardhok manioku

cereais

drithëra

casa
shtëpi

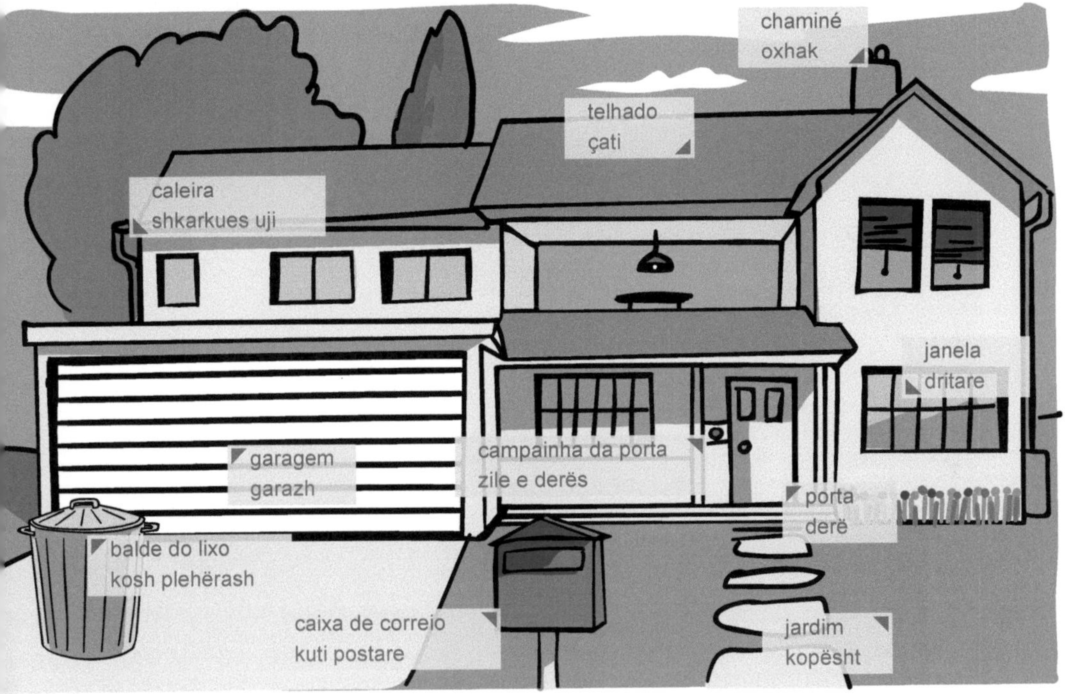
chaminé
oxhak
telhado
çati
caleira
shkarkues uji
janela
dritare
garagem
garazh
campainha da porta
zile e derës
porta
derë
balde do lixo
kosh plehërash
caixa de correio
kuti postare
jardim
kopësht

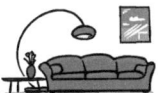

sala de estar

dhomë ndenjeje

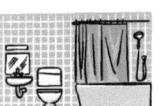

casa de banho

tualet

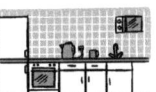

cozinha

kuzhinë

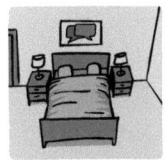

quarto de dormir

dhomë gjumi

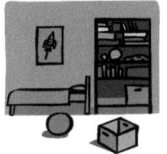

quarto de criança

dhomë fëmijësh

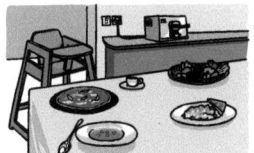

sala de jantar

dhomë ngrënieje

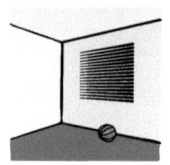

chão

dysheme

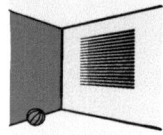

parede

mur

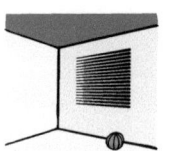

teto

tavan

cave

bodrum

sauna

sauna

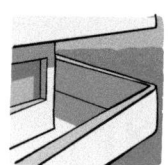

varanda

ballkon

terraço

tarracë

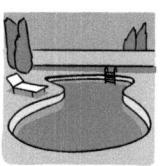

piscina

pishinë

máquina de cortar relvado

kositëse bari

lençol

çarçaf

cobertor

kuvertë

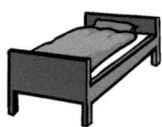

cama

krevat

vassoura

fshesë dore

balde

kovë

interruptor

çelës

sala de estar
dhomë ndenjeje

papel de parede
tapiceri
imagem
fotografi
lâmpada
llambë
prateleira
raft
armário
dollap
televisão
pajisje televizive
lareira
vatër
flor
lule
almofada
jastëk
sofá
divan
vaso
vazo
controlo remoto
telekomandë

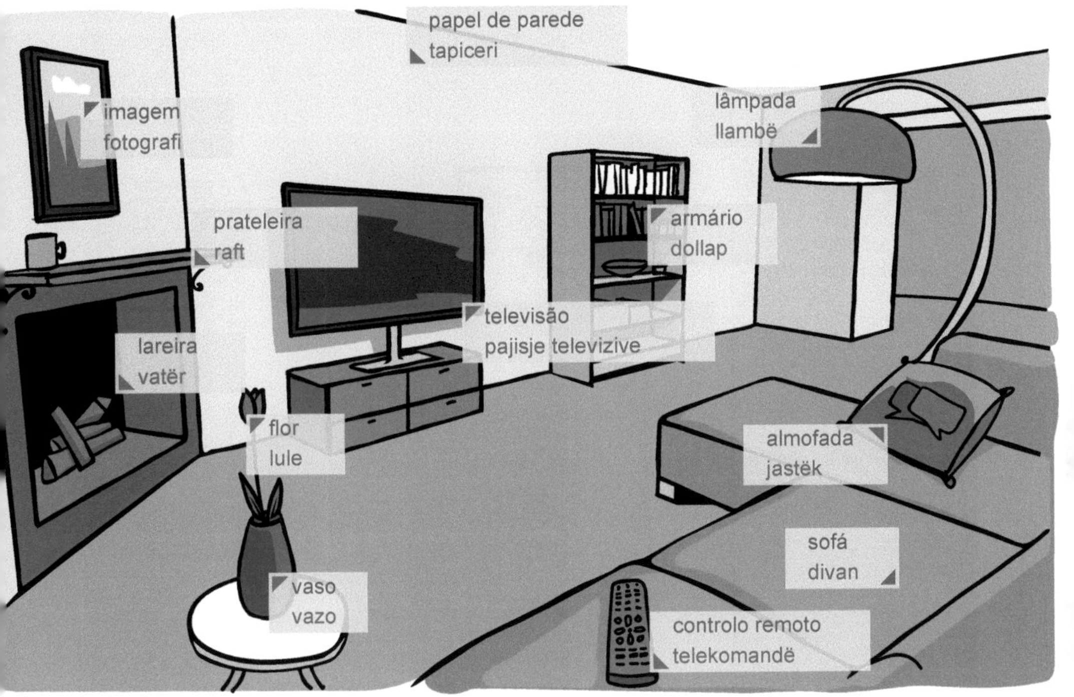

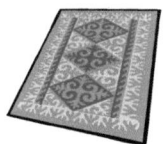

tapete

qilim

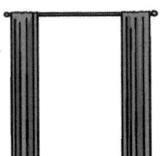

cortina

perde

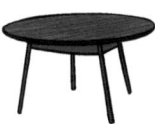

mesa

tavolinë

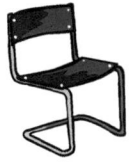

cadeira

karrige

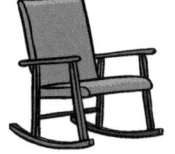

cadeira de baloiço

karrige lëkundëse

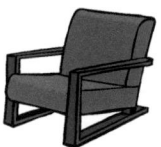

poltrona

kolltuk

livro

libri

cobertor

batanije

decoração

zbukurime

lenha

dru zjarri

filme

film

sistema estéreo

stereo

chave

çelës

jornal

gazetë

pintura

pikturë

póster

afishe

rádio

radio

bloco de notas

bllok shënimesh

aspirador

fshesë me korent

cato

kaktus

vela

qiri

cozinha
kuzhinë

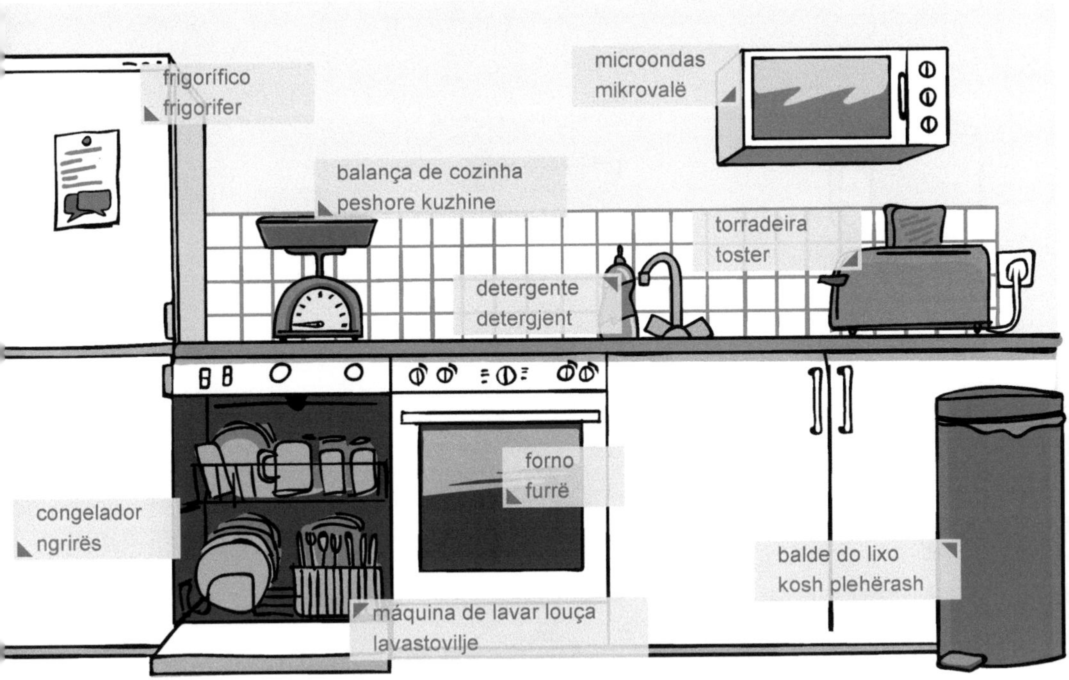
frigorífico
frigorifer
microondas
mikrovalë
balança de cozinha
peshore kuzhine
torradeira
toster
detergente
detergjent
forno
furrë
congelador
ngrirës
balde do lixo
kosh plehërash
máquina de lavar louça
lavastovilje

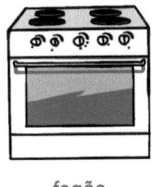

fogão
sobë

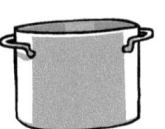

panela
tenxhere

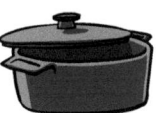

panela de ferro
tenxhere me kapak

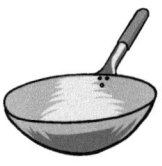

wok / kadai
tigan special (Wok)

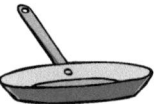

frigideira
tigan

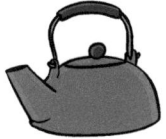

chaleira
çajnik

panela a vapor

tenxhere me avull

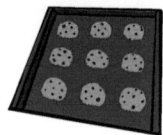

tabuleiro de forno

tavë pjekjeje

louça

enë

caneca

filxhan

tigela

tas

pauzinhos

shkopinj

concha de sopa

garuzhde

espátula

spatul

batedor de claras

tel kuzhine

escorredor

kulluese

peneira

sitë

ralador

rende

almofariz

havan

churrasqueira

skarë

lareira

zjarr

tábua de cortar

dërrasë për prerje

rolo da massa

okllai

saca-rolhas

heqëse tapash

lata

kanaçe

abridor de latas

hapëse kanaçeje

luvas de forno

rrobë për të kapur
tenxheren

lava-loiça

lavaman

escova

furçë

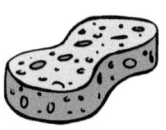

esponja

sfungjer

liquidificador

përzjerës

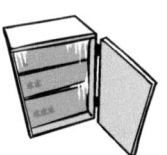

arca frigorífica

ngrirës

biberão

biberon për lëngje

torneira

rubinet

casa de banho

tualet

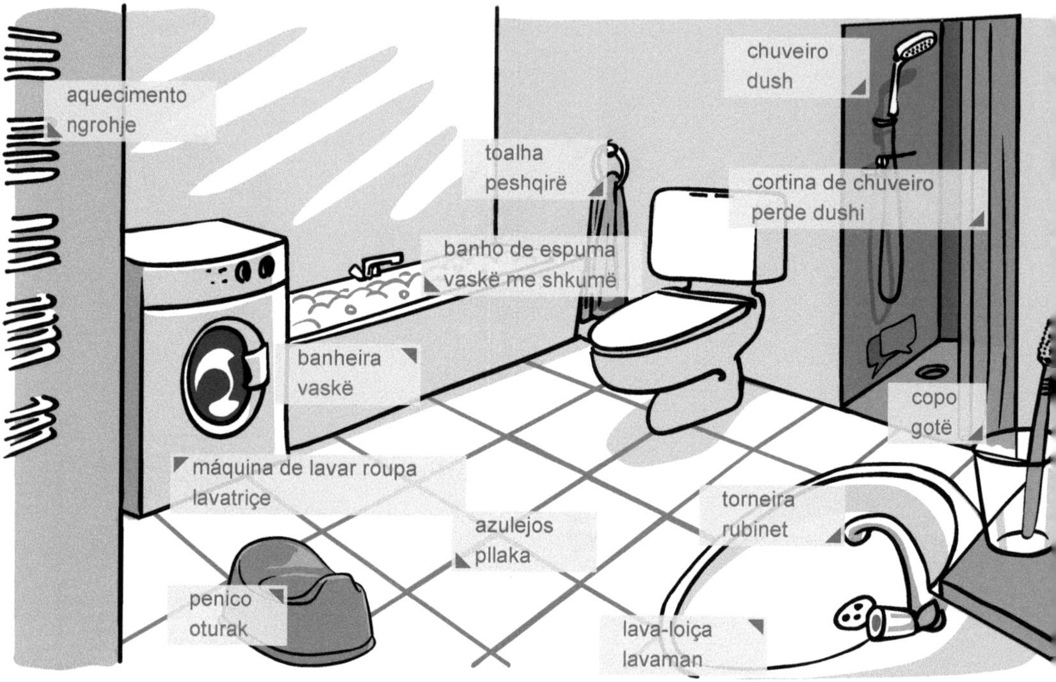
aquecimento
ngrohje
chuveiro
dush
toalha
peshqirë
cortina de chuveiro
perde dushi
banho de espuma
vaskë me shkumë
banheira
vaskë
copo
gotë
máquina de lavar roupa
lavatriçe
torneira
rubinet
azulejos
pllaka
penico
oturak
lava-loiça
lavaman

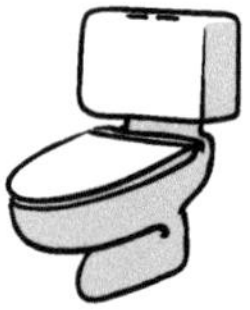

sanita
tualet

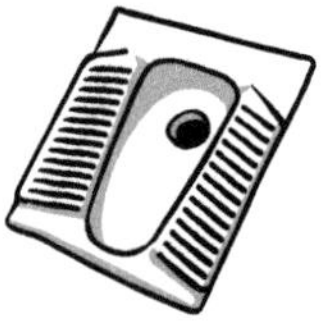

retrete turca
WC e sheshtë

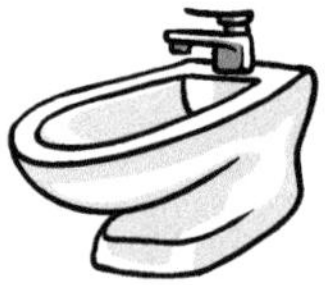

bidé
bide

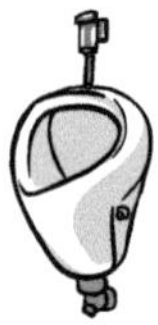

urinol
tualet publik

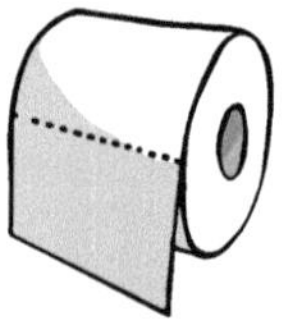

papel higiénico
letër higjienike

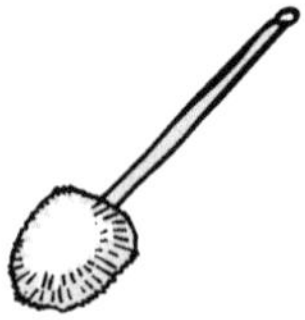

piaçaba
furçe për WC

escova de dentes

furçë dhëmbësh

pasta de dentes

pastë dhëmbësh

fio dentário

fije dentare

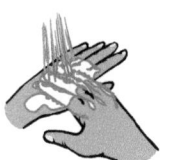

lavar

laj

chuveiro de mão

dorezë dushi

duche íntimo

larës për zonën intime

bacia

legen

escova para as costas

furçë për masazh shpine

sabonete

sapun

gel de banho

shampo trupi

champô

shampo

toalha de rosto

leckë pastruese

escoamento

kullues

creme

krem

desodorizante

antidjersë

espelho

pasqyrë

espelho de mão

pasqyrë dore

máquina de barbear

brisk rroje

creme de barbear

shkumë rroje

loção pós-barba

locion pas rrojes

pente

krehër

escova

furçë

secador de cabelo

tharëse flokësh

spray de cabelo

llak për flokët

maquilhagem

grim

batom

buzëkuq

verniz de unhas

manikyr

algodão

mbushje pambuku

tesoura para unhas

gërshërë për thonj

perfume

parfum

nécessaire

çantë për sendet personale

tamborete

Stol

balança

peshore

roupão de banho

robëdëshambër

luvas de borracha

dorashka gome

tampão

tampon

penso higiénico

peceta higjienike

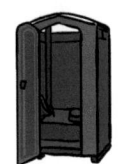

WC químico

tualet I lëvizshëm

quarto de criança
dhomë fëmijësh

despertador
orë me zile
peluche
lodra me pellushë
carro de brincar
makinë lodër
chocalho
rraketake
casa de bonecas
shtëpi kukullash
presente
dhuratë

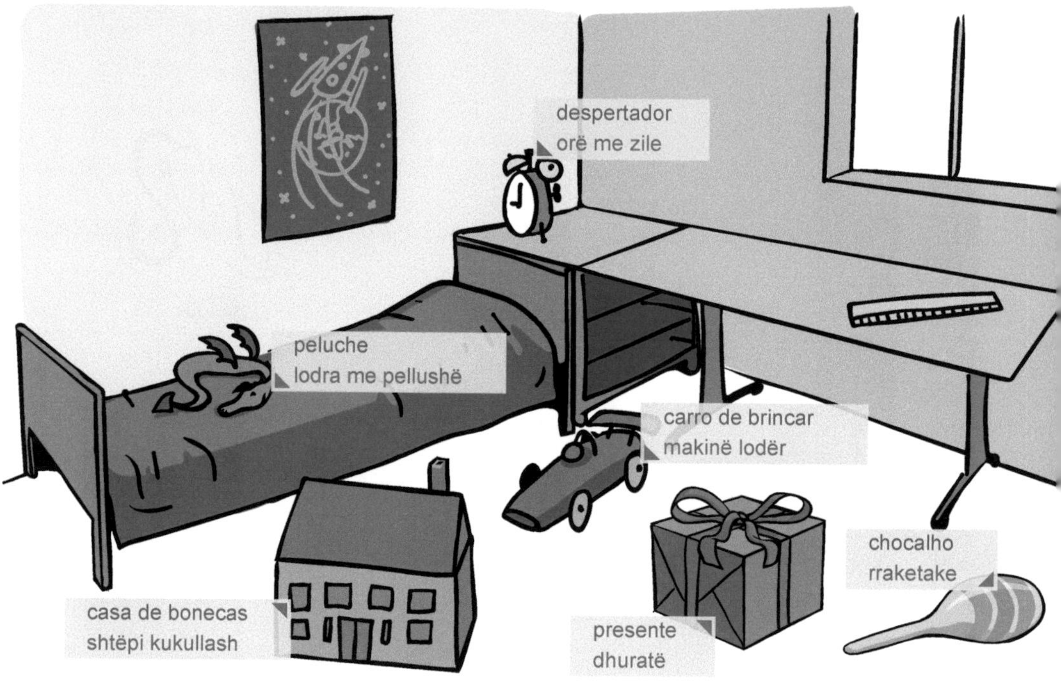

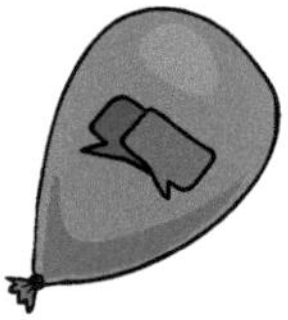

balão

tollumbace

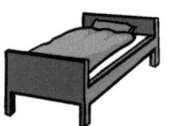

cama

krevat

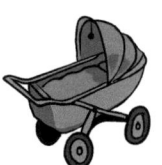

carrinho de bebé

karrocë fëmijësh

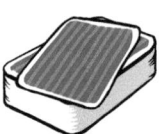

jogo de cartas

lojë me letra

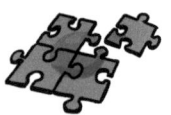

quebra-cabeças

bashkim pjesësh me figura

SUPER
MEGA

banda desenhada

komik

peças de Lego

formuese lodër

blocos de construção

kuba plastikë

figura de ação

lodra

fato de bebé

badi

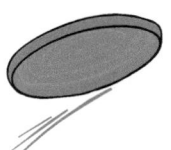

Frisbee

frizbi

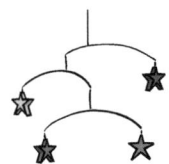

móbile para bebé

lodra të varura tek krevati i fëmijëve

jogo de tabuleiro

tavolinë lojërash

dados

zare

pista de comboio elétrico

model treni

chupeta

biberon

festa

festë

livro ilustrado

libër me ilustrime

bola

top

boneca

kukull

jogar

luaj

caixa de areia

grumbull rëre

baloiço

kolovarëse

brinquedos

lodra

consola de jogos

leva për lojra video

triciclo

triçikël

ursinho de peluche

arush prej pellushi

guarda-roupa

garderobë

vestuário

veshje

meias

çorape

meias pelo joelho

çorape të gjata

meias-calças

geta

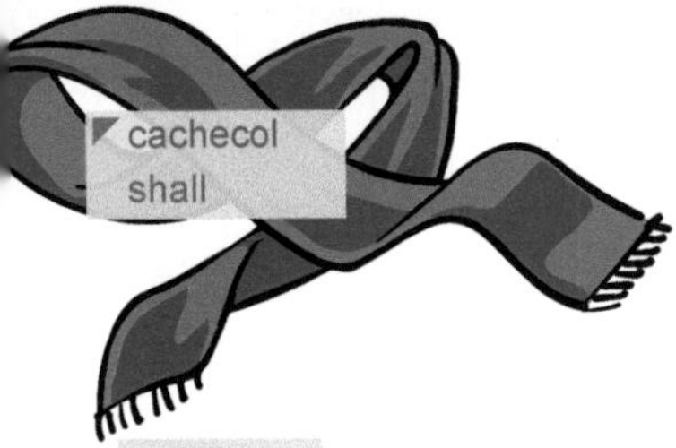

cachecol
shall

guarda-chuva
çadër

t-shirt
bluzë pa jakë

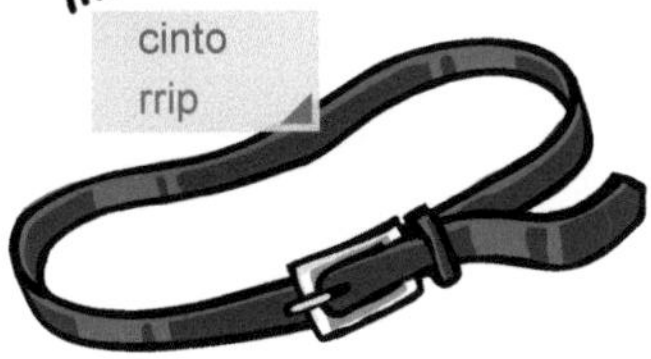

cinto
rrip

botas
çizme

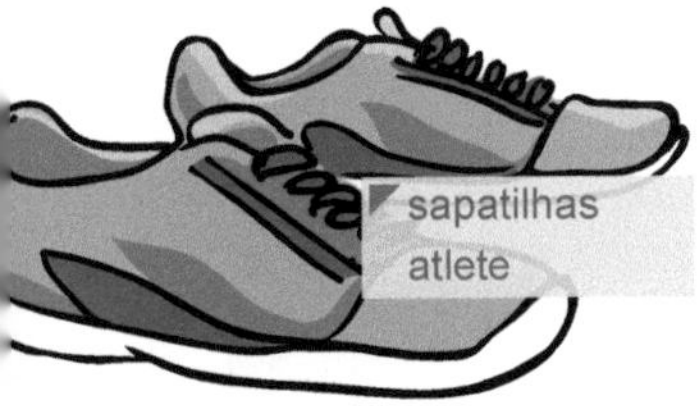

chinelos
pantofla

sapatilhas
atlete

sandálias
....
sandale

sapatos
....
këpucë

botas de borracha
....
çizme llastiku

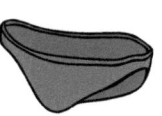

cuecas
....
të mbathura

sutiã
....
reçipeta

camisola interior
....
kanotierë

body
trup

calças
pantallona

calças de ganga
xhinse

saia
fund

blusa
bluzë

camisa
këmishë

pulôver
pulovër

camisola com capuz
triko

blazer
xhaketë

casaco
xhaketë

manto
pallto

gabardina
mushama shiu

traje
kostum

vestido
fustan

vestido de casamento
fustan nusërie

fato
....
kostum

camisa de dormir
....
këmishë nate

pijama
....
pizhama

sari
....
sari (veshje tradicionale indiane)

lenço de cabeça
....
shami koke

turbante
....
çallmë

burca
....
veshje për femrat e besimit musliman

cafetã
....
kaftan (lloj veshjeje tradicionale)

abaya
....
ferexhe

fato de banho
....
kostum banje

calções de banho
....
rroba banje

calções
....
pantallona të shkurtra

fato de treino
....
tuta sporti

avental
....
përparëse

luvas
....
dorashka

botão
kopsë

óculos
syze

pulseira
byzylyk

colar
gjerdan

anel
unazë

brinco
vath

boné
kapuç

cabide
varëse për pallto

chapéu
kapele

gravata
kravatë

fecho de correr
zinxhir

capacete
helmetë

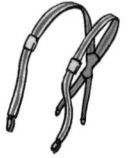

suspensórios
tiranda

uniforme escolar
uniformë shkolle

uniforme
uniformë

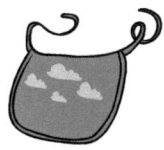

babete

gushore

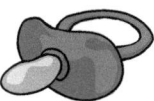

chupeta

biberon

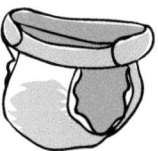

fralda

pelenë

escritório

zyrë

servidor
server
armário de arquivo
skedar
impressora
printer
papel
letër
ecrã
ekran
rato
maus
secretária
tavolinë
pasta
dosje
teclado
tastierë
cadeira
karrige
cesto de lixo
kosh letrash
computador
kompjuter

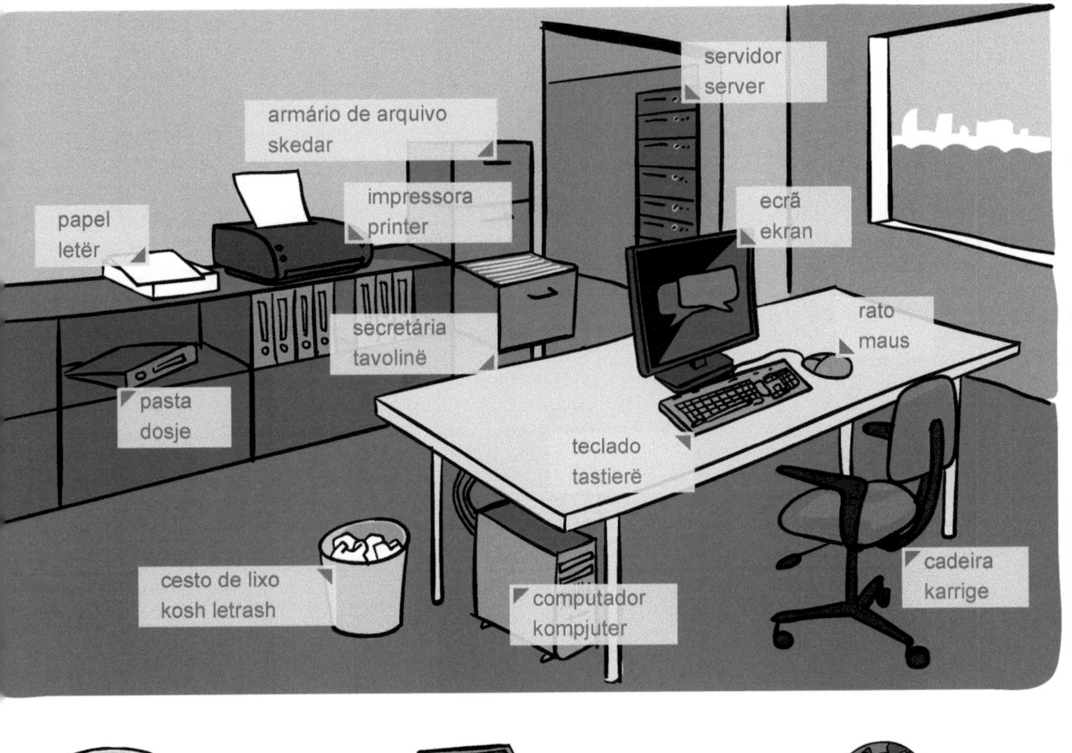

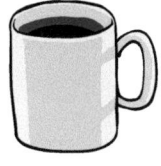

caneca de café

filxhan kafeje

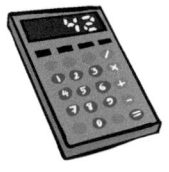

calculadora

makinë llogaritëse

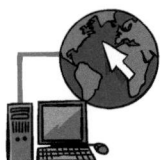

internet

internet

computador portátil

kompjuter portativ

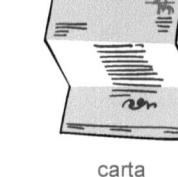

carta

letër

mensagem

mesazh

telemóvel

telefon

rede

rrjet

fotocopiadora

fotokopje

software

program

telefone

telefon

tomada elétrica

prizë

fax

pajisje faksi

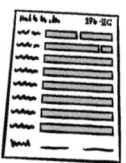

formulário

formular

documento

dokument

comprar

blej

pagar

paguaj

negociar

tregtoj

dinheiro

para

dólar

dollar

euro

euro

yen

jen

rublo

rubla

franco suíço

franga zvicerane

renminbi yuan

juani kinez

rupia

rupje

caixa de multibanco

bankomat

casa de câmbio

pikë këmbimi valutor

ouro

ar

prata

argjend

petróleo

nafta

energia

energji

preço

çmim

contrato

kontratë

imposto

taksë

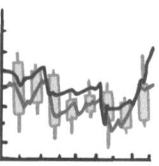

ação

aksione

trabalhar

punoj

empregado

punonjës

entidade patronal

punëdhënës

fábrica

fabrikë

loja

dyqan

profissões
profesionet

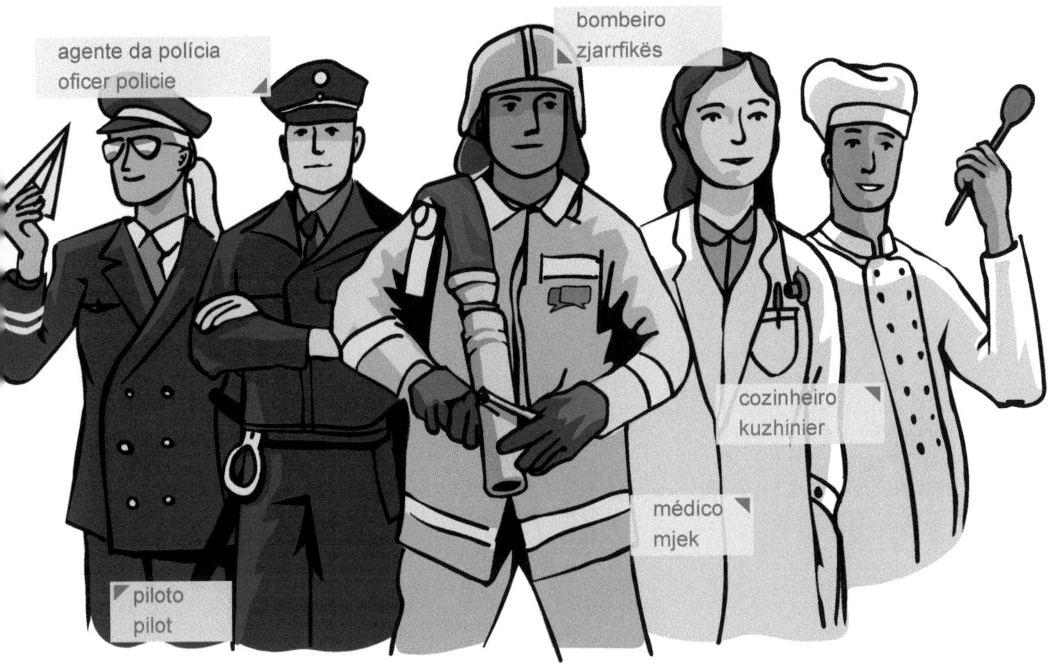
bombeiro
zjarrfikës
agente da polícia
oficer policie
cozinheiro
kuzhinier
médico
mjek
piloto
pilot

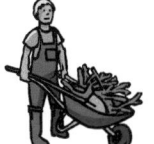

jardineiro

kopshtar

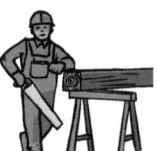

carpinteiro

marangoz

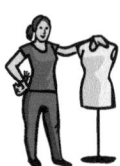

costureira

rrobaqepëse

juiz

gjykatës

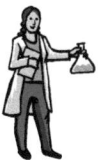

químico

kimist

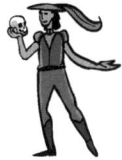

ator

aktor

motorista de autocarro

shofer autobuzi

motorista de táxi

taksist

pescador

peshkatar

empregada de limpeza

pastruese

telhador

riparues çatish

empregado de mesa

kamarier

caçador

gjuetar

pintor

piktor

padeiro

furrxhi

eletricista

elektriçist

construtor

ndërtues

engenheiro

inxhinier

talhante

kasap

canalizador

hidraulik

carteiro

postieri

soldado

ushtar

arquiteto

arkitekt

caixa

arkëtar

florista

luleshitës

cabeleireiro

berber

controlador de bilhetes

kontrollor

mecânico

mekanik

capitão

kapiten

dentista

dentist

cientista

shkencëtar

rabino

rabin

imã

imam

monge

murg

pastor

klerik

ferramentas
mjete

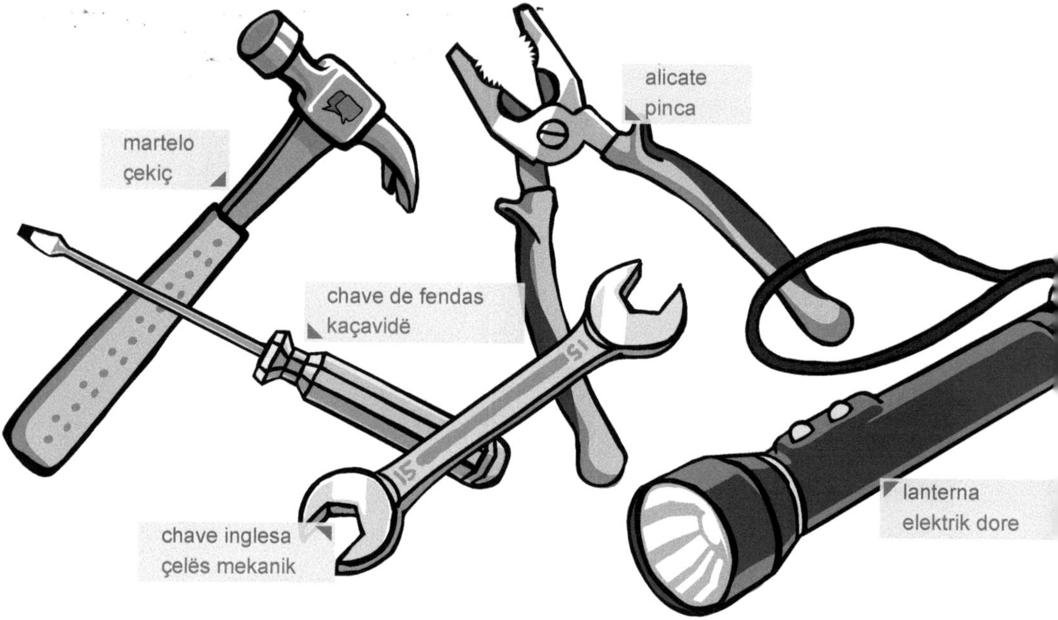

martelo
çekiç
alicate
pinca
chave de fendas
kaçavidë
chave inglesa
çelës mekanik
lanterna
elektrik dore

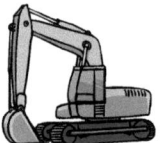

escavadora

ekskavator

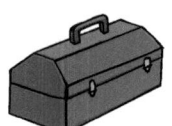

caixa de ferramentas

kuti veglash

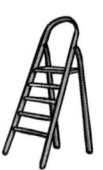

escadote

shkallë

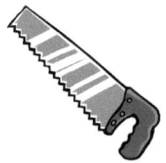

serra

sharrë

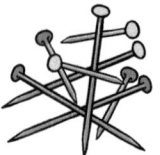

pregos

gozhdë

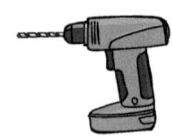

broca

trapan

reparar

riparoj

pá

lopatë

porcaria!

Dreq!

pá de lixo

kaci

pote de tinta

kuti boje

parafusos

vidhë

instrumentos musicais
instrumenta muzikorë

altifalante
altoparlant

bateria
bateri

guitarra
kitare

contrabaixo
kontrabas

trompete
trompë

piano

piano

violino

violinë

baixo

bas

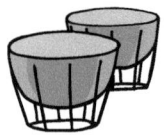

timbales

tamburë

tambor

daulle

teclado

tastierë pianoje

saxofone

saksofon

flauta

flaut

microfone

mikrofon

instrumentos musicais - instrumenta muzikorë

jardim zoológico
kopsht zoologjik

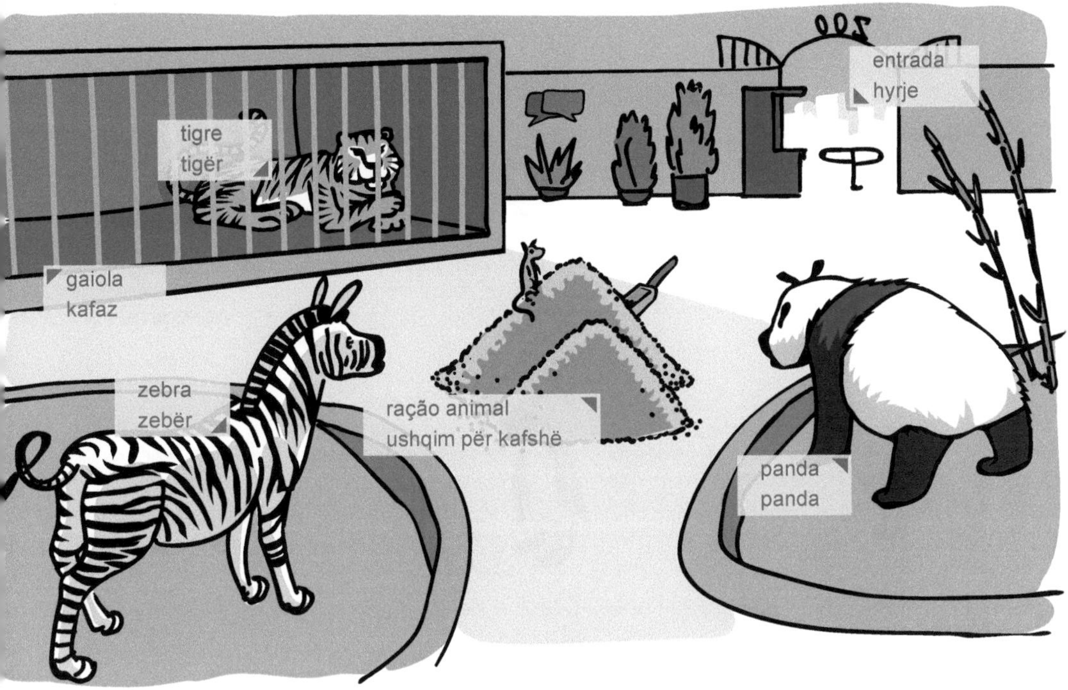
zoo
entrada
hyrje
tigre
tigër
gaiola
kafaz
zebra
zebër
ração animal
ushqim për kafshë
panda
panda

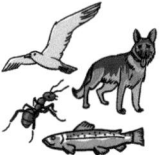

animais
kafshë

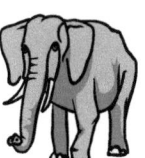

elefante
elefant

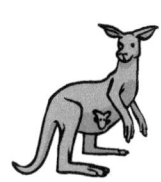

canguru
kangur

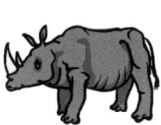

rinoceronte
rinoceront

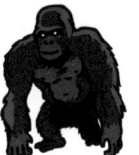

gorila
gorillë

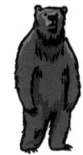

urso
ari

camelo

deve

avestruz

struc

leão

luan

macaco

majmun

flamingo

flamingo

papagaio

papagall

urso polar

ari polar

pinguim

pinguin

tubarão

peshkaqen

pavão

pallua

cobra

gjarpër

crocodilo

krokodil

guarda do jardim zoológico

punonjës i kopshtit zoologjik

foca

fokë

jaguar

xhaguar

pónei
poni

leopardo
leopard

hipopótamo
hipopotam

girafa
gjirafë

águia
shqiponjë

javali
derr i egër

peixe
peshk

tartaruga
breshkë

morsa
lopë deti

raposa
dhelpër

gazela
gazelë

futebol americano
futboll amerikan

ciclismo
çiklizëm

ténis
tenis

basquetebol
basketboll

natação
not

boxe
boks

hóquei no gelo
hokej mbi akull

futebol
futboll

badminton
badminton

atletismo
atletikë

andebol
hendboll

esqui
ski

polo
polo

saltar
hidhem

abraçar
përqafoj

rir
qesh

andar
eci

cantar
këndoj

sonhar
ëndërroj

rezar
lutem

beijar
puth

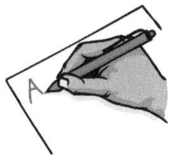

escrever
shkruaj

desenhar
vizatoj

mostrar
tregoj

empurrar
shtyj

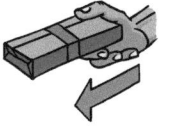

dar
jap

tomar
marr

ter
kam

fazer
bëj

ser
jam

ficar de pé
qëndroj

correr
vrapoj

puxar
tërheq

remessar
hedh

cair
bie

deitar
shtrihem

esperar
pres

carregar
mbaj

sentar
ulem

vestir
vishem

dormir
fle

acordar
zgjohem

olhar para

shikoj

chorar

qaj

acariciar

përkëdhel

pentear

kreh

falar

bisedoj

compreender

kuptoj

perguntar

kërkoj

ouvir

dëgjoj

beber

pi

comer

ha

arrumar

sistemoj

amar

dashuroj

cozinhar

gatuaj

conduzir

drejtoj makinën

voar

fluturoj

atividades - aktivitet

velejar

lundroj

calcular

llogaris

ler

lexoj

aprender

mësoj

trabalhar

punoj

casar

martohem

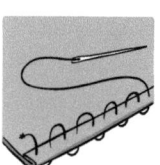

costurar

qep

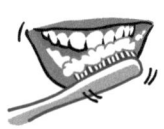

escovar os dentes

laj dhëmbët

matar

vras

fumar

tymos

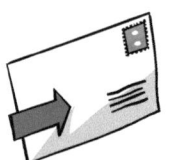

enviar

dërgoj

avó
gjyshe

avô
gjysh

pai
baba

mãe
nënë

bebé
bebe

filha
vajzë

filho
djalë

convidado

mysafir

tia

teze, hallë

tio

dajë, xhaxha

irmão

vëlla

irmã

motër

corpo
trupi

testa
balli
olho
syri
ombro
shpatulla
dedo
gishti
cara
fytyra
queixo
mjekra
mão
dora
peito
krahërori
perna
këmba
braço
krahu

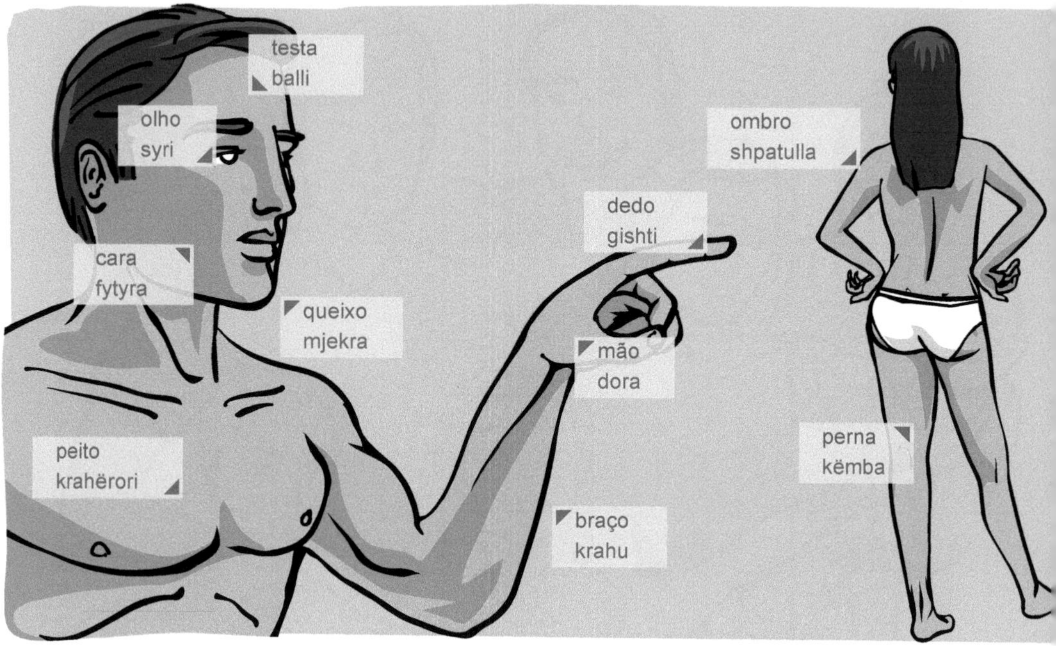

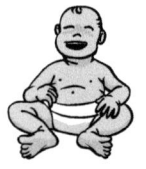

bebé

bebe

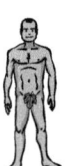

homem

burrë

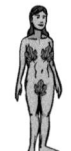

mulher

grua

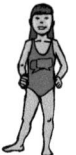

menina

vajzë

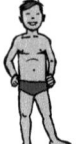

menino

djalë

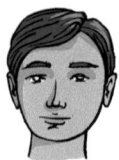

cabeça

koka

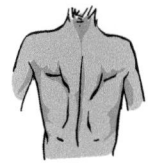

costas
shpina

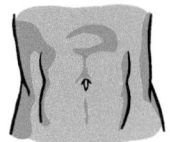

barriga
barku

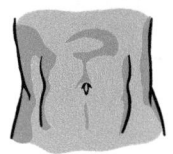

umbigo
kërthiza

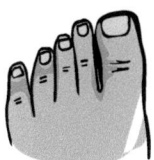

dedo do pé
gisht këmbe

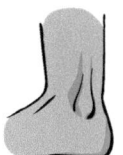

calcanhar
Thembra

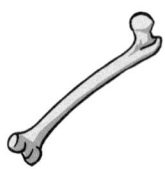

osso
kockë

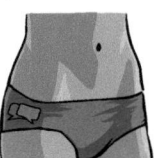

anca
legeni

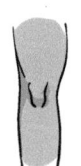

joelho
gjuri

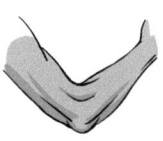

cotovelo
bërryli

nariz
hunda

nádegas
vithe

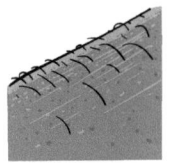

pele
lëkura

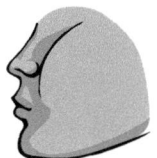

bochecha
faqja

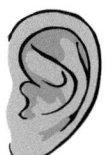

orelha
veshi

lábio
buza

boca
goja

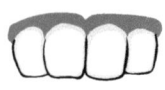

dente
dhëmbët

língua
gjuha

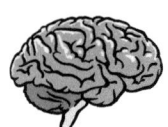

cérebro
truri

coração
zemra

músculo
muskul

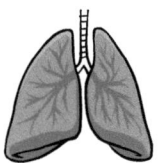

pulmão
mushkëria

fígado
mëlçia

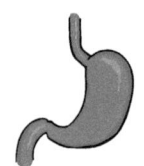

estômago
stomaku

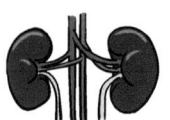

rins
veshka

relações sexuais
seks

preservativo
prezervativ

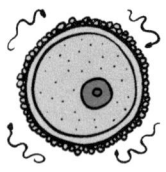

óvulo
veza

esperma
sperma

gravidez
shtatëzani

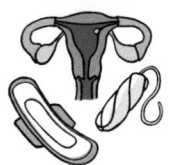

menstruação
menstruacione

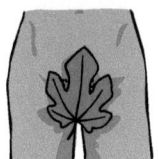

vagina
vagina

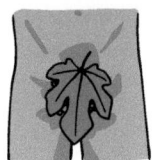

pénis
penis

sobrancelha
vetulla

cabelo
flokët

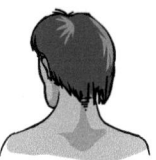

pescoço
qafa

hospital
spital

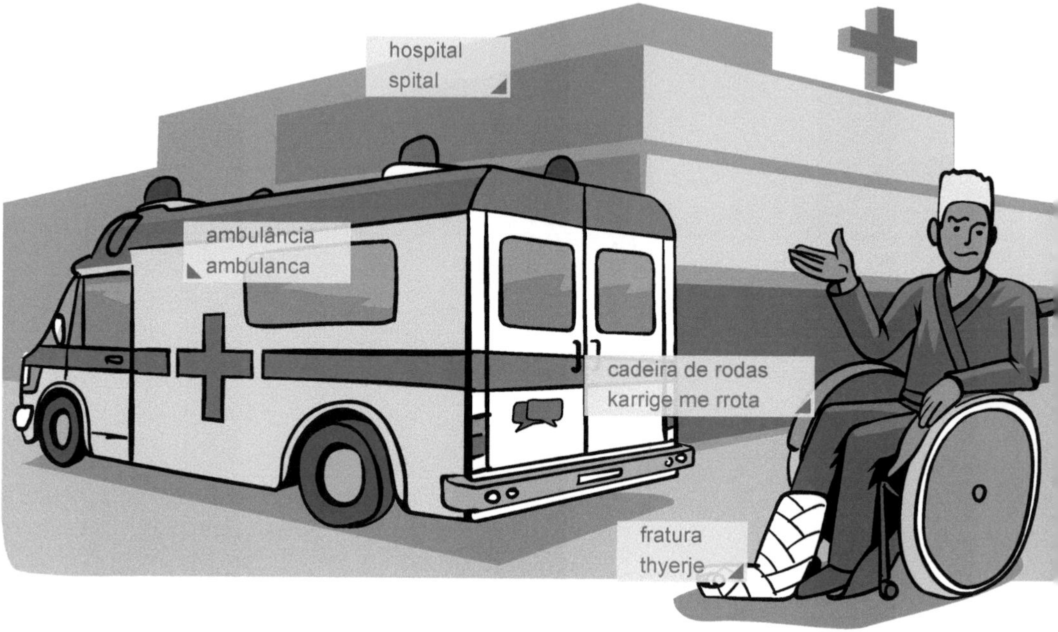

hospital
spital
ambulância
ambulanca
cadeira de rodas
karrige me rrota
fratura
thyerje

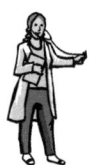

médico

mjek

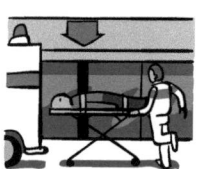

serviço de urgências

sallë urgjencash

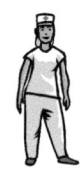

enfermeira

infermiere

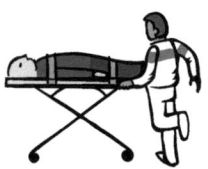

emergência

emergjencë

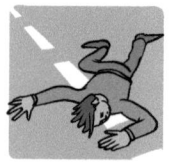

inconsciente

i pandërgjegjshëm

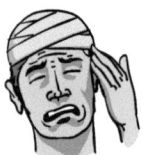

dor

dhimbje

ferimento

dëmtim

hemorragia

gjakosje

ataque cardíaco

infarkt

acidente vascular cerebral

goditje

alergia

alergji

tosse

kolla

febre

ethe

gripe

grip

diarreia

diarre

dor de cabeça

dhimbje koke

cancro

kancer

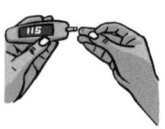

diabetes

diabet

cirurgião

kirurg

bisturi

bisturi

operação

operacion

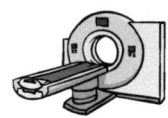

CT
CT (skaner)

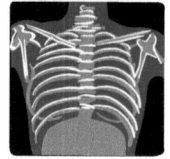

raio x
radiografi

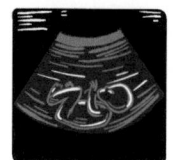

ultrassom
ultratingull

máscara
maskë fytyre

doença
sëmundje

sala de espera
dhomë pritjeje

muleta
paterica

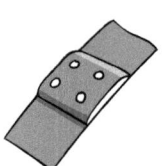

penso rápido
leukoplast

ligadura
fasho

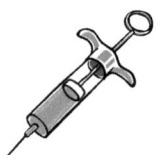

injeção
injeksion

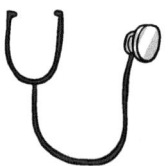

estetoscópio
stetoskop

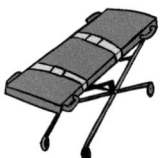

maca
barelë

termómetro
termometër

nascimento
lindje

excesso de peso
mbipeshë

aparelho auditivo

aparat dëgjimi

desinfetante

dezinfektant

infeção

infeksion

vírus

virus

HIV / SIDA

HIV / AIDS

medicamento

mjekësi, mjekim

vacinação

vaksinim

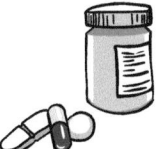

comprimidos

tableta

pílula

pilulë

chamada de emergência

telefonatë emergjence

dispositivo de medição de
pressão arterial

aparat tensioni

doente / saudável

i sëmurë / i shëndetshëm

hospital - spital

Socorro!

Ndihmë!

alarme

alarm

assalto

sulm

ataque

atak

perigo

rrezik

saída de emergência

dalje emergjence

Fogo!

Zjarr!

extintor de incêndios

fikëse zjarri

acidente

aksident

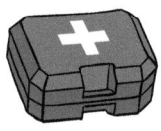

estojo de primeiros socorros

kuti e ndimës së shpejtë

SOS

SOS

polícia

policia

Europa

Europa

América do Norte

Amerika e Veriut

América do Sul

Amerika e Jugut

África

Afrika

Ásia

Azia

Austrália

Australia

Atlântico

Atlantiku

Pacífico

Paqësori

Oceano Índico

Oqeani Indian

Oceano Antártico

Oqeani Antarktik

Oceano Ártico

Oqeani Arktik

Polo Norte

Poli i veriut

Polo Sul

Poli i Jugut

Antártica

Antarktida

terra

toka

país

tokë

mar

det

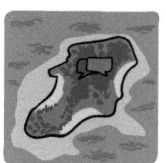

ilha

ishull

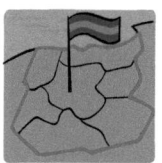

nação

komb

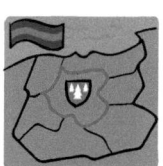

estado

shtet

mostrador do relógio

fusha e orës

ponteiro das horas

akrepi i orës

ponteiro dos minutos

akrepi i minutave

ponteiro dos segundos

akrepi i sekondave

Que horas são?

Sa është ora?

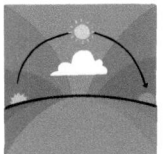

dia

ditë

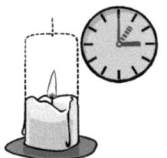

tempo

kohë

agora

tani

relógio digital

orë dixhitale

minuto

minutë

hora

orë

semana

javë

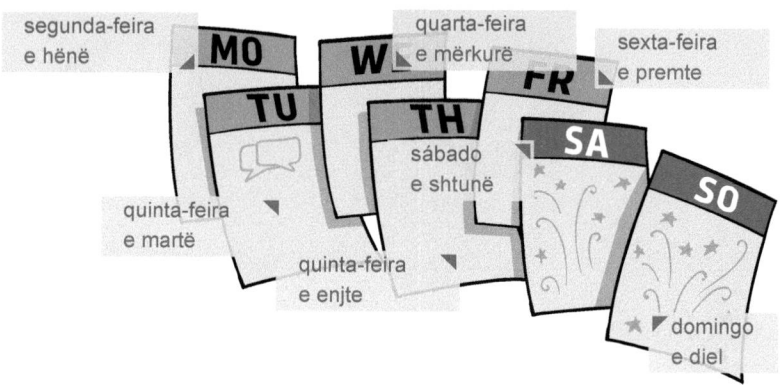

segunda-feira
e hënë

quarta-feira
e mërkurë

sexta-feira
e premte

sábado
e shtunë

quinta-feira
e martë

quinta-feira
e enjte

domingo
e diel

ontem
....
dje

hoje
....
sot

amanhã
....
nesër

manhã
....
mëngjes

meio-dia
....
mesditë

entardecer
....
mbrëmje

MO	TU	WE	TH	FR	SA	SU
1	2	3	4	5	6	7
8	9	10	11	12	13	14
15	16	17	18	19	20	21
22	23	24	25	26	27	28
29	30	31	1	2	3	4

dias úteis
....
ditë pune

MO	TU	WE	TH	FR	SA	SU
1	2	3	4	5	6	7
8	9	10	11	12	13	14
15	16	17	18	19	20	21
22	23	24	25	26	27	28
29	30	31	1	2	3	4

fim de semana
....
fundjavë

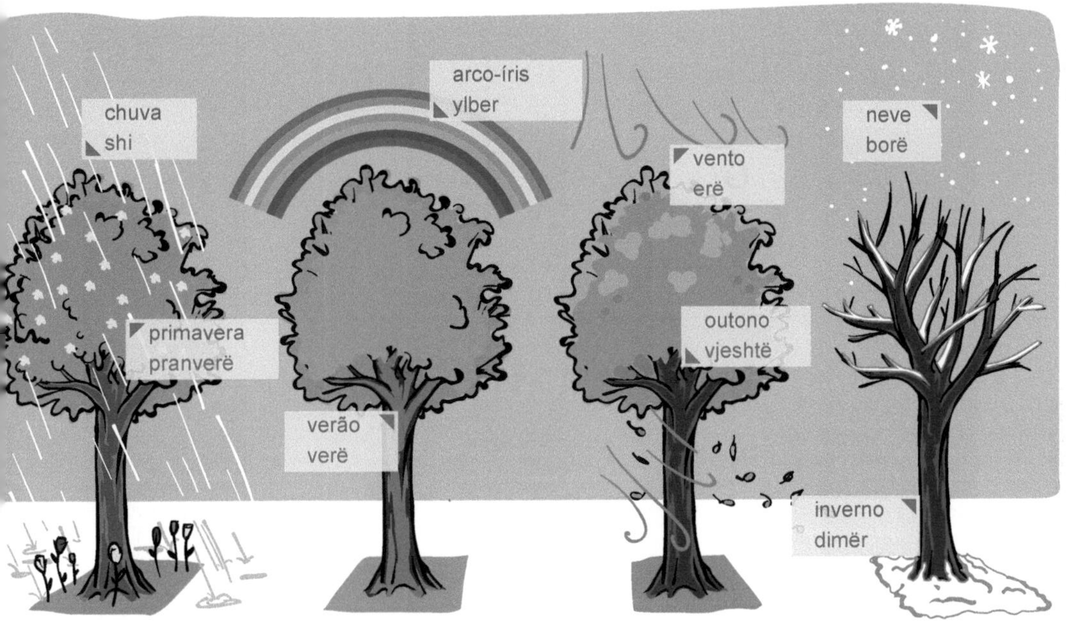

chuva
shi

arco-íris
ylber

vento
erë

neve
borë

primavera
pranverë

outono
vjeshtë

verão
verë

inverno
dimër

4.APRIL	11°	☀
5.APRIL	4°	☁
6.APRIL	13°	☂
7.APRIL	8°	☀
8.APRIL	10°	☀

previsão do tempo

parashikimi i motit

termómetro

termometër

raios de sol

ndriçim dielli

nuvem

re

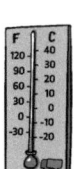

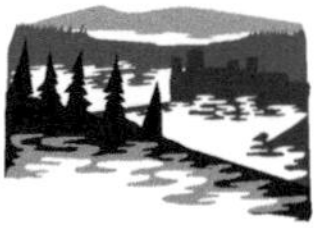

neblina / nevoeiro

mjegull

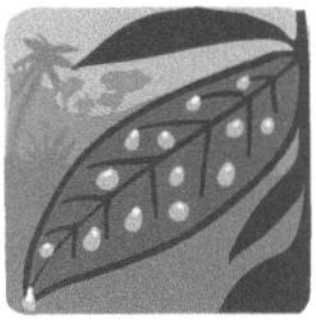

humidade do ar

lagështi

relâmpago

vetëtima

trovão

gjëmim

tempestade

stuhi

granizo

breshër

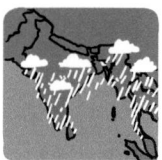

monção

muson

inundação

përmbytje

gelo

akull

janeiro

janar

fevereiro

shkurt

março

mars

abril

prill

maio

maj

junho

qershor

julho

korrik

agosto

gusht

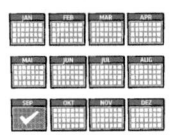

setembro
....
shtator

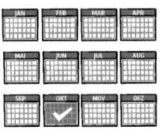

outubro
....
tetor

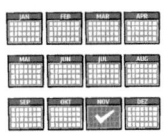

novembro
....
nëntor

dezembro
....
dhjetor

círculo
....
rreth

quadrado
....
katror

retângulo
....
drejtkëndësh

triângulo
....
trekëndësh

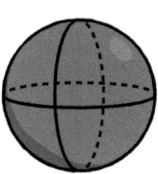

esfera
....
sferë

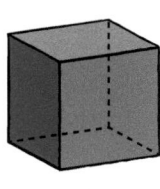

cubo
....
kub

branco

e bardhë

amarelo

e verdhë

laranja

portokalli

rosa

rozë

vermelho

e kuqe

lilás

vjollcë

azul

blu

verde

e gjelbër

castanho

kafe

cinzento

gri

preto

e zezë

muito / pouco

shumë / pak

furioso / calmo

i nevrikosur / i qetë

lindo / feio

i bukur / i shëmtuar

princípio / fim

fillim / fund

grande / pequeno

i madh / i vogël

claro / escuro

i ndritshëm / i errët

irmão / irmã

vëlla / motër

limpo / sujo

e pastër / e pistë

completo / incompleto

e plotë / jo e plotë

dia / noite

ditë / natë

morto / vivo

gjallë / vdekur

largo / estreito

i gjerë / i ngushtë

comestível / não comestível

i ngrënshëm / i pangrënshëm

mau / gentil

i keq / i këndshëm

entusiasmado / entediado

i lumtur / i mërzitur

gordo / magro

i shëndoshë / i dobët

primeiro / último

e para / e fundit

amigo / inimigo

mik / armik

cheio / vazio

plot / bosh

duro / macio

e fortë / e butë

pesado / leve

e rëndë / e lehtë

fome / sede

uri / etje

doente / saudável

i sëmurë / i shëndetshëm

ilegal / legal

e paligjshme / e ligjshme

inteligente / burro

i zgjuar / budalla

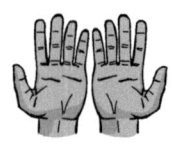

esquerda / direita

majtas / djathtas

perto / longe

afër / larg

novo / usado
e re / e përdorur

nada / algo
asgjë / diçka

velho / jovem
i moshuar / i ri

ligado / desligado
ndezur / fikur

aberto / fechado
hapur / mbyllur

baixo / alto
i qetë / i zhurmshëm

rico / pobre
i pasur / i varfër

certo / errado
e drejtë / e gabuar

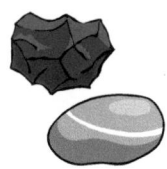

áspero / liso
i ashpër / i butë

triste / feliz
i mërzitur / i lumtur

curto / longo
i shkurtër / i gjatë

lento / rápido
ngadalë / shpejt

molhado / seco
i lagësht / i thatë

ameno / fresco
ngrohtë / freskët

guerra / paz
luftë / paqe

opostos - të kundërta

87

0	**1**	**2**
zero	um	dois
zero	një	dy

3	**4**	**5**
três	quatro	cinco
tre	katër	pesë

6	**7**	**8**
seis	sete	oito
gjashtë	shtatë	tetë

9	**10**	**11**
nove	dez	onze
nentë	dhjetë	njëmbëdhjetë

12

doze
....
dymbëdhjetë

13

treze
....
trembëdhjetë

14

catorze
....
katërmbëdhjetë

15

quinze
....
pesëmbëdhjetë

16

dezasseis
....
gjashtëmbëdhjetë

17

dezassete
....
shtatëmbëdhjetë

18

dezoito
....
tetëmbëdhjetë

19

dezanove
....
nentëmbëdhjetë

20

vinte
....
njëzetë

100

cem
....
qind

1.000

mil
....
mijë

1.000.000

milhão
....
milion

inglês

anglisht

inglês americano

anglishte amerikane

chinês mandarim

kinezisht mandarin

hindi

hindi

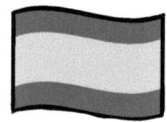

espanhol

spanjisht

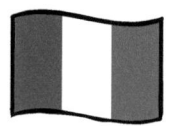

francês

frëngjisht

árabe

arabisht

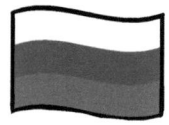

russo

rusisht

português

portugalisht

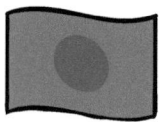

bengalês

bengalisht

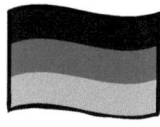

alemão

gjermanisht

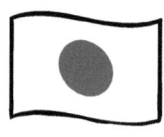

japonês

japonisht

eu
unë

tu
ti

ele / ela
ai / ajo

nós
ne

vós
ju

eles / elas
ata

quem?
kush?

o quê?
çfarë?

como?
si?

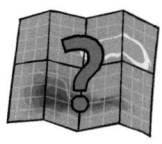

onde?
ku?

quando?
kur?

nome
emër

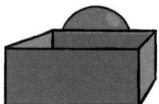

atrás

pas

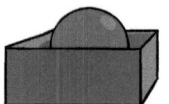

em

në

à frente de

përballë

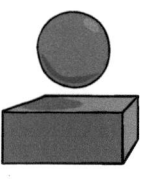

sobre

sipër

em cima

mbi

debaixo

poshtë

ao lado

pranë

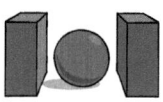

entre

midis

lugar

vend